HUMOUR NOIR

Pascal Petiot

SAND

Humour Noir

D'après une idée originale de Pascal Petiot

Responsable éditoriale :
Nadia Ivanova

Éditorial :
Léa Torres

Mise en page :
I-NOOVA

Illustrations originales :
Sabine Nourrit

Conception et réalisation de la couverture :
Sabine Nourrit

Dépôt légal : mars 2015
ISBN : 978-2-7107-8868-3

Achevé d'imprimer en février 2015 par CPI à Barcelone

PRÉFACE

Il y a très très longtemps, seules deux choses dans l'univers n'avaient pas de couleur : Dieu et l'humour.
Heureusement, comme Zorro, la mort est arrivée. Et comme Zorro, l'humour a trouvé une couleur : le NOIR !
L'autre jour, à l'enterrement d'un copain, je posais la question à Dieu : « Aimez-vous l'humour noir ? »
Dieu me répondit : « Je n'aime que l'humour noir. Comme j'ai le droit de mort sur quiconque, je peux rigoler sur commande. »
Puis Dieu me posa la même question : « Et toi, Laurent, tu aimes l'humour noir ? »

À mon tour, je lui répondis :
« Je ne sais pas. Ce que je sais, c'est que la mort, j'y pense tout le temps... Surtout à la mienne, parce que celle des autres, je m'en fous ! Enfin... disons que je ne m'en fous pas, mais j'y pense un peu moins. Et puis je suis déçu. La mort, c'est plus comme avant.

Avant on mourait jeune, à 12 ans, à la guerre. Après, à 40 ans, on mourait de vieillesse, on habillait le mort en costume du dimanche, on le gardait un mois ou deux à la maison, le temps de s'arranger avec l'héritage. Ensuite, on faisait une super bouffe, un super enterrement. Tout le monde repartait bourré !
Ça plaisait tellement qu'il y en avait toujours un qui se tuait sur la route pour pouvoir recommencer le week-end d'après !
Aujourd'hui, la mort, ce n'est plus ça. On meurt et on vous met au frigo ; les jeunes dans la partie congélateur, les vieux dans le bac à légumes !

Vous voyez, Dieu, j'ai tellement peur que finalement, ma mort, j'ai décidé de la programmer. Comme ça, je meurs où je veux, comme je veux et quand je veux! Donc j'ai décidé de me suicider aux Seychelles, à 135 ans.
D'ailleurs j'ai tout prévu ! Même mon épitaphe. Sur ma tombe ça sera écrit: "J'ai bien ri, j'ai bien bu, je bande plus, j'l'ai dans l'cul". J'ai tout prévu, mais je n'ai pas encore trouvé le dernier mot que j'allais dire avant de mourir... J'aimerais trouver un mot de poète comme Baudelaire ou Victor Hugo, ou de philosophe comme Montaigne ou Johnny Hallyday...
Oui, parce que j'ai tellement été déçu par ce qu'a dit mon beau-frère avant de mourir... avant de mourir, il a dit: "Tu peux y aller à fond dans le virage, on a des pneus pluie !" »
Voilà ce que je répondis à Dieu.

Et avant que je ne lui demande, Dieu me dit: « Tu vois Laurent, grâce à l'humour noir, on peut rire de tout ».
Je lui posais donc une dernière question: « Alors si on peut rire de tout, peut-on lire de tout? »
« Bien sûr ! » me répondit-il. « Mais attention, pas n'importe où ! La Bible et le WC Book, ça se lit au confessionnal ! D'ailleurs, j'y vais: rien que d'y penser, j'ai mal au ventre ! »

Laurent VIOLET

C'est quand même bizarre qu'on mette des radars sur les routes...

Deux ou trois putes suffisent à faire ralentir tout le monde !

JE SUIS DÉGOÛTÉ...

J'avais une blague sur **PAUL WALKER,** mais elle ne tient pas la route !

Une enquête mondiale a récemment été réalisée. Le sujet :

« Quelle est votre opinion sur la pénurie d'aliments dans le reste du monde? »

Cette étude fut un échec total car :

– en Afrique, personne ne savait ce qu'étaient des « aliments »;

– en Europe occidentale, personne ne savait ce qu'était une « pénurie »;

– en Europe de l'Est, personne ne savait ce qu'était une « opinion »;

– aux États-Unis, personne ne savait ce qu'était le « reste du monde ».

Quand

L'UNIJAMBISTE

se lève du

MAUVAIS PIED,

il le sait tout

de suite...

Je t'avais dit de prendre le lit du bas, Pistorius !

Combien y a-t-il de buildings à New York ?

150 et des poussières...

Pas d'amalgames avec les sentiments !

BAISER, C'EST BAISER !

Bravo Pistorius !

Joli cadeau
à deux balles
pour la

Saint-Valentin !

QUAND J'ÉTAIS PETIT, MES PARENTS DÉMÉNAGEAIENT SANS CESSE, MAIS HEUREUSEMENT, JE SUIS TOUJOURS ARRIVÉ À RETROUVER LEUR TRACE !

Le problème avec
le Moyen-Orient,
c'est qu'ils ont mis
la charia avant
l'hébreu...

Un jockey a eu un accident de voiture mortel. Sa femme vient l'identifier à la morgue. Le légiste soulève le 1er drap.

– ***Non, ce n'est pas lui !***

Il soulève le 2e drap :

– ***Non, ce n'est toujours pas lui !***

Le médecin soulève le 3e drap :

– ***Non, ce n'est encore pas lui !!!***

Enfin, il soulève le 4e drap :

– ***Oui, c'est lui ! Décidément, jamais dans les trois premiers !***

C'EST L'HISTOIRE D'UN JUIF QUI DONNE UN...

NAN, JE DÉCONNE !

Il y a au moins une chose qui restera positive dans ma vie :

mon taux d'alcoolémie.

Claude, professeur des écoles, demande à ses élèves :

- Que manque-t-il chez vous ?

Lucile :
– Un micro-ondes !

Edouard :
– Un écran plat 16/9 !

Jeanne :
– Bah nous, il nous manque rien.

Le professeur :
– Ah oui ? Mais comment ça se fait ?

Jeanne :

- Ma sœur a ramené un Arabe à la maison et mon père a crié : « Putain ! Il nous manquait plus que ça ! »

Je fume
depuis plus
de **30 ANS**
et je n'ai
aucun problème
avec **MON**
POUMON !

À l'entracte d'un spectacle à L'Olympia, un nain et un géant se retrouvent côte à côte aux urinoirs pour hommes. Le nain n'arrête pas de cligner des yeux en regardant régulièrement vers le grand homme qui, énervé, lui dit :

- C'est bon maintenant ! Vous ne seriez pas un peu pédé, vous ?

- Pas du tout monsieur, mais par contre... Ça me gicle dans la figure !

Quel était
le dessert
préféré de
LADY DI?

La tarte
aux mûres.

Lorsqu'un homme est embauché aux pompes funèbres, doit-il d'abord faire une période décès ?

Femme Actuelle
a fêté ses **30 ans**
cette année.
Si vous aviez suivi
ses conseils minceur
depuis le début, vous
auriez déjà perdu
1,2 tonnes.

Un couple fait l'amour. Le fils rentre d'un coup et, choqué, claque la porte et repart dans sa chambre. La mère dit à son mari :

- Va le voir. On a dû le perturber.

Le père se dirige vers la chambre du gamin, il ouvre la porte et voit son fils en train de faire l'amour avec sa grand-mère. Le père, surpris, lui demande :

– Mais, tu fais quoi là ?

- Celui qui nique ma mère, je lui nique sa mère !

Comment reconnaît-on un **BON FLATTEUR ?**

C'est celui qui convainc un lépreux de s'acheter du vernis à ongles.

Moi président, je combattrai la finance

Moi président,
j'allégerai les charges de la classe moyenne

Moi président,
j'inverserai la courbe du chômage

Moi président,
je réconcilierai la France avec la croissance

Moi président…

Bref, j'aurais dû bien fermer ma gueule !

Une femme sort de chez son médecin dont le cabinet est au ***6e étage.*** Elle descend par les escaliers et elle réfléchit à voix haute :

– Sagittaire… Verseau… Balance… heu, non…

Ça la tracasse visiblement :

– Scorpion, Vierge ? Je ne crois pas…

Du coup, elle remonte tous les étages, tape à la porte du médecin, l'entrouvre et lui dit :

– Vous m'avez dit quoi déjà ?

– Heu… Cancer !

Une fille annonce à son père :

- Papa, je suis lesbienne.

– Tant mieux.

La deuxième fille :

- Papa, moi aussi je suis lesbienne.

Putain, mais c'est pas vrai ! Personne n'aime la bite dans cette famille ?

Le fils répond :

- Si, moi !

MOULE QUI REFOULE N'AMASSE PAS FOULE...

Les mensurations idéales d'un homme ?

80 – 20 – 42 :
80 ans,
20 millions d'euros en banque,
42 degrés de fièvre...

Maman, qu'est-ce que tu regardes en premier chez un homme ?
... Ses fesses !
Sabine NOURAT

Voyons voir si je comprends bien...

Vous les femmes, vous avez des faux ongles, de la teinture dans les cheveux, des faux-cils, du botox, de la crème auto-bronzante, des seins préfabriqués...

Pis, vous voulez un *Vrai homme* à vos côtés.

Ben, bonne chance mes poulettes !

Le silence est d'or...

surtout si tu pues de la gueule !

Quelle est la différence entre un vieil homme et un pénis ?

Quand vous tenez un pénis à la main, les rides disparaissent.

Que faire quand on trouve un épileptique en crise dans une baignoire ?

Ajouter de la lessive et y jeter son linge sale !

« La plus belle fille du monde n'arrive pas à la cheville d'un cul-de-jatte. »

Serge Gainsbourg

Quelle différence faites-vous entre Lady Di et Ronaldo ?

Ronaldo c'est accélération, petit pont et but.

Lady Di c'est accélération, petit pont, et poteau !

Quelle est la différence entre un sac de supermarché et Michael Jackson ?

L'un est blanc, en plastique et dangereux pour les enfants. L'autre sert à ramener les courses.

APPLE :

nous c'est
la pomme,
vous c'est
les poires !

Comment fait-on pour faire rougir un Noir ?

ON L'ÉPLUCHE !

Épitaphe :

Je me suis enfin mis aux vers.

QU'EST-CE QUI EST NOIR, BLANC, NOIR, BLANC, NOIR, BLANC, NOIR, BLANC?

Une bonne sœur qui tombe dans les escaliers.

Pourquoi les chats traversent-ils la route ?

Pour montrer ce qu'ils ont dans le ventre.

Robert arrive aux urgences après un accident de voiture assez violent. Quand il se réveille, le chirurgien est à son chevet et lui dit :

– J'ai deux nouvelles à vous annoncer. Je commence par la mauvaise : j'ai dû vous amputer des deux jambes.

– Et la bonne ?

– J'aime beaucoup vos chaussures, je vous en offre 700 euros.

31 mars 2015.

Stéphanie est ***non-voyante*** depuis la naissance. Ce jour-là, ses parents lui disent :

– Stéphanie, nous avons trouvé enfin le remède miracle ! C'est une pommade spéciale que tu t'appliques sur les yeux avant de dormir et le lendemain matin tu verras le monde, oui, ma chérie, tu verras !

La petite se lève le matin et se met à pleurer. ***Elle est toujours aveugle.***

Et ses parents en chœur :

– Poisson d'avril !

QUE FAIRE EN CAS D'OVERDOSE ?

Alcool .... Contactez les **urgences**
Cocaïne .... Contactez les **urgences**
Héroïne .... Contactez les **urgences**
LSD .... Contactez les **urgences**
Kétamine .... Contactez les **urgences**
Ecstasy .... Contactez les **urgences**
Crack .... Contactez les **urgences**
Cannabis .... Commandez une **pizza**

QUE DIT UN AVEUGLE LORSQU'ON LUI DONNE DU PAPIER DE VERRE ?

C'EST ÉCRIT SERRÉ.

Le problème avec l'alcool... c'est quand y'en a plus !

Les éjaculations,
c'est comme
les mensonges,
t'as toujours du mal
à les faire avaler
à ta femme.

Le groupe *Noir Désir*

aurait dû piquer son nom à

Supertramp !

Épitaphe

Ici repose ma femme bien-aimée.

Seigneur, reçois-la

Avec la même joie

Que je te l'envoie.

LE CHÔMAGE NE CESSE DE GRIMPER...

À cette allure, les chanteurs éthiopiens vont finir par créer un disque pour aider la France.

Vous avez intérêt à bosser si vous voulez faire la tournée des Restos du cœur !
TAM TAM
Salim NOURRET

Quels sont les risques pour un pitbull qui bouffe un bébé diabétique ?

Attraper des caries.

Un jour **Dieu**
créa la femme.
Déçu du résultat,
il inventa
Photoshop...

« Il faut avoir
le courage de reconnaître
que le NAZISME
a commis des erreurs.
Envahir la POLOGNE
au lieu de la SUISSE,
c'est comme habiter en
face de la banque centrale
et braquer le KEBAB. »

Gaspard Proust

AVRIL 2013, À LA FIN DU MARATHON DE BOSTON :

Je ne sens plus mes jambes…

JE SUIS EXPLOSÉ !

- Quand même,
elle a eu de la chance
Lady Di...

- Ah ouais? Tu trouves?
- Ben ouais. Y'avait
un radar à la sortie
du tunnel!

Comment perdre

65 kilos

de graisse

inutile ?

En divorçant !

Que fait un Français qui gagne la Coupe du monde de football ?

Il éteint sa PS4.

LE COMBLE DE L'AVEUGLE ?

NE PAS SE VOIR MOURIR.

Quel légume va très vite et rigole dans les virages ?

LE CHOU MARREUR.

SAVEZ-VOUS COMMENT FAIRE DU STEAK HACHÉ FACILEMENT?

Demandez donc
à un lépreux de jouer
de la guitare!

Un enfant se promène à vélo. Hollande passe à cheval et lui demande :

– C'est ton vélo, petit ?

- Oui m'sieur...

– Mais, il n'est pas aux normes, tes pneus sont usés et lisses ! Voici une amende de **11 euros**, tu la donneras à tes parents.

- C'est votre ch'val m'sieur ?

– Oui, pourquoi ? répond Hollande.

- Parce qu'il n'est pas aux normes ! Le trou du cul doit être derrière, pas dessus !

Ça ne sert à rien d'être fort comme un chêne si c'est pour être con comme un gland...

Si **Ève** a commis le pire péché du monde pour une **pomme**, imaginez ce qu'elle ferait aujourd'hui pour une **paire de Louboutin**.

Quelle est la différence entre un tableau de Renoir et Jésus-Christ ?

Pour accrocher le tableau de Renoir, il ne faut qu'un seul clou !

POURQUOI LE SOLEIL EST-IL LE CONTRAIRE DE LA POLICE ?

PARCE QUE, LUI, PLUS TU ES CLAIR, PLUS IL TAPE.

On a dû se débarrasser des gosses : les chats étaient allergiques !

Sais-tu quelle position sexuelle produit les enfants les plus laids ?

Va demander à ta mère !

FUMER TUE.
PICOLER TUE.
BAISER TUE.
MOURONS HEUREUX !

1994 : la pire année de toute l'histoire de la musique...

Kurt Cobain meurt... et Justin Bieber naît !

Une blague, c'est comme la levrette.

C'est toujours meilleur quand c'est tiré par les cheveux !

C'est trop facile la

ROULETTE

RUSSE,

on gagne tout

le t...

Roulette russe,
beaucoup plus drôle
à jouer en couple !
Sabine
NOURRIT

Pourquoi les kangourous ne sautent plus ?

Parce que ça leur casse… les couilles.

NON, FACEBOOK NE REND PAS LES GENS CONS, IL CONTRIBUE JUSTE À CE QUE ÇA SE REMARQUE DAVANTAGE...

C'est une maîtresse d'école qui demande à ses élèves de se présenter pour le premier jour de classe :

– Mario, qu'est-ce qu'elle fait ta maman ?

– Ma maman, elle est infirmière.

– C'est bien ça. Et toi, Hugo, que fait ta maman ?

– Ma maman, elle est morte...

– Ooops, pardon, Hugo. Je ne savais pas. Mais heu... enfin, je voulais dire, que faisait-elle avant ?

– Avant ? Elle faisait AAAR... ARHHH... ARGGHH...

Le prince Charles dit à la reine :

– Tu sais Maman, **Diana** est beaucoup trop **bavarde…**

– Sois patient mon fils, elle finira bien par **s'écraser !**

« Qui a coulé le *Titanic* ? Iceberg, encore un juif. »

Serge Gainsbourg

Le **viagra** pour femme est aussi de couleur bleu, mais il prend la forme d'une **carte. . .**

Lucas, 7 ans, passe la journée chez son grand-père. Après le déjeuner, ce dernier s'installe dans son fauteuil et allume sa pipe.

– Pépé, tu me prêtes ta pipe?

– Non, ce n'est pas pour les enfants.

– Allez, Pépé, s'teu plaît, prête-moi ta pipe!

– Non, les enfants ne fument pas!

– Mais c'est pas pour fumer, Pépé. J'veux juste la tenir. Allez, s'teu plaît…

– Tu promets que tu ne fumeras pas?

– Oui, Pépé.

– Tiens, la voilà, fais attention.

Lucas prend la pipe, la jette sur le sol et la piétine à grands coups de talons.

– Mais tu fais quoi là? Qu'est-ce qui te prend d'écraser ma pipe comme ça?

– Parce que papa dit toujours: « Quand le pépé cassera sa pipe, on s'achètera une belle voiture »!

Un vieux Corse se meurt dans son lit, au premier étage de la maison, pendant que ses trois fils attendent, en silence, dans la grande pièce du rez-de-chaussée. Sentant que sa fin approche, il décide de régler les problèmes d'héritage et crie :

– Pierre-Paul ! Monte !

Le fils aîné grimpe quatre à quatre au chevet de son père, qui lui dit :

– Écoute petit, je ne suis pas bien riche. Je n'ai que la maison, les garrigues, et mes quelques chèvres. On ne peut pas couper ça en trois ! Alors, j'ai décidé de tout donner à celui d'entre vous qui symbolisera le mieux l'esprit corse, au plus paresseux des trois. Je vais faire un test. Suppose, petit, que tu sois sur la place du village. Tu n'as rien mangé depuis deux jours, et le marché est à 50 mètres. Qu'est-ce que tu fais ?

– Papa, j'attends qu'on m'apporte à manger. Sinon, je meurs de faim !

– C'est bien, petit. Tu peux redescendre.

Il appelle son second fils :

– Antoine ! Monte !

L'autre rapplique dare-dare. Après lui avoir expliqué qu'il léguera tout ce qu'il possède au plus paresseux de ses trois fils, il ajoute :

– Petit, je vais te faire un test, comme à ton frère. Tu es sur la place du village. Tu n'as pas bu depuis deux jours, et la fontaine, avec de l'eau bien fraîche, est à 20 mètres. Qu'est-ce que tu fais ?

– Papa, j'attends qu'on m'apporte à boire. Sinon je meurs de soif…

– C'est bien, petit. Tu peux redescendre.

Et là, il sent que ses dernières forces l'abandonnent. Alors, dans un effort surhumain, il réussit à appeler son troisième fils.

– Doumé ! Monte !

Et d'en bas l'autre crie :

– Non, papa… Toi, descends !

Pourquoi
les écologistes
aiment-ils
les lépreux ?

**PARCE QU'ILS SONT
BIODÉGRADABLES !**

Les femmes se réveillent en bâillant.

Les hommes se réveillent avec une érection.

Coïncidence ?

Ma copine me dit qu'avoir un petit pénis ce n'est pas très grave...

Personnellement, j'aurais préféré qu'elle n'en ait pas du tout !

Ton visage ne va pas du tout avec ton sexe.

TOI ET MOI C'EST POUR LA VIE...

jusqu'à ce que je trouve mieux.

« Un jeune Américain décapite sa mère à la hache. »

Dans un pays où les flingues sont en vente libre, c'est bien de voir encore des **sportifs !**

Pourquoi Franck Ribéry n'ira jamais jouer en Angleterre ?

PARCE QUE LES JOUEURS SONT PAYÉS EN LIVRES...

Très courte lettre d'excuse de l'hôpital à un patient :

Cher monsieur,

Les résultats du laboratoire confirment que la rougeur autour de votre pénis n'était pas cancéreuse, c'était du **rouge à lèvres**.

Nous nous excusons pour **l'amputation**.
La direction

Juliette fait ses courses dans un supermarché et arrive à la caisse. Sur le tapis, elle dépose un gel douche, une tomate, un avocat, une baguette, une quiche, une orange, une carotte, un litre d'eau et une boîte de ratatouille.

Le caissier sourit, la regarde et lui dit :

– ***Vous êtes célibataire, hein ?***

Timidement, la jeune femme sourit et répond :

– ***Euh oui... Comment avez-vous deviné ?***

– ***C'est simple... Vous êtes moche !***

Jeanne d'Arc s'est éteinte le 30 mai 1431, deux heures après sa mort.

Deux militaires à l'entraînement :

– Pourquoi tu t'es engagé dans **l'armée** ?

– Parce que je suis **célibataire** et j'aime la **guerre**... Et toi ?

– Moi, je suis **marié** et je voulais **la paix !**

Comment sait-on quand un lépreux doit quitter une partie de poker ?

Quand il perd la main.

Dans

ma **cave**,

j'ai du

12 ans

d'âge.

Quel est le conte préféré des zoophiles ?

L'étroit petit cochon.

3 règles essentielles
pour prendre soin
de vos dents :

- Brossez-les tous les jours ;

- Allez voir le dentiste ;

- Ne vous mêlez pas des affaires des autres !

Gilbert Montagné utilise le tutoiement. Car il ne vouvoie pas.

– Coucou ma chérie ! Merci pour le pull.

– Ha bon ? Il te plaît mon amour ? Il était en solde, je me suis dit « Pourquoi pas ? »

– Par contre, je crois que je flotte un peu dedans quand même…

– Ça te changera de tes fringues trop moulantes. La seule fois où je t'ai vu flotter dans quelque chose, c'était un préservatif !

« PLUS JE CONNAIS LES HOMMES, PLUS J'AIME MON CHIEN. PLUS JE CONNAIS LES FEMMES, MOINS J'AIME MA CHIENNE. »

Pierre Desproges

Il y a quelque chose de magnifique dans tes yeux...

Ah... C'est juste mon reflet !

Monsieur, n'oubliez pas ce message important de votre opticien conseil :

« À femme presbyte, homme heureux. »

Tu veux savoir si tu es con ? Envoie ton numéro de carte bancaire au

81212.

Le vieux Lucien, **89 ans**, essaie le viagra pour la première fois... Simone, **87 ans**, espère de tout cœur retrouver son Lulu comme elle l'a connu il y a si longtemps...
Et ça marche ! Lucien lui fait l'amour comme une bête ! Sa libido revient tout à coup, il attrape sa Simone dans tous les sens !

Whaooouuuu!!! Que c'est chaud bouillant!

Lucien au comble de l'excitation :

– Ma Simone, crie-moi des cochonneries !

– J'AI CHIÉ DANS LE LIT !!!

« CONSOLATION DE CUL-DE-JATTE :

"Je ne partirai pas les pieds devant." »

Robert Lassus

Pourquoi les musulmanes marchent-elles de travers ?

Parce qu'elles sont voilées.

À quel moment y a-t-il le plus de Portugais dans un stade ?

LORS DE SA CONSTRUCTION !

Qui est-ce qui court plus vite que Usain Bolt ?

Un Éthiopien avec un Ticket-Restaurant.

Je ne pense pas être
un grand fumeur.

**Seulement deux
briquets par jour.**

J'ai deux merveilleux enfants ! Et quand on y réfléchit, deux sur cinq, c'est pas si mal.

Une dame enterre son mari. C'est le moment de la mise en bière.

Le croque-mort s'adresse à la veuve sanglotante :

– Excusez-moi de vous poser une question aussi déplacée en pareil moment madame, mais il me semble bien avoir déjà enterré votre époux l'an dernier...

– C'est exact, soupire la veuve. Mais je me suis remariée entre-temps…

– Ah, d'accord ! Eh bien, dans ce cas... Toutes mes félicitations !

Quelle est la différence entre un Américain et une patate ?

LA PATATE, ELLE, ELLE EST CULTIVÉE !

L'avenir appartient à ceux qui ont des ouvriers qui se lèvent tôt.

Franck Ribéry visite une exposition pour la première fois :

– Mais, c'est quoi ce truc moche?

– C'est un Van Gogh.

– Et ça là?

– Un Picasso.

– Ah bon? Et celui-là? C'est encore pire!

– Non Franck. Là, c'est un ***miroir***.

Les dépressifs aimant quand il pleut...

surtout quand il pleut des cordes !

IL N'Y A PAS DE ZOOPHILES, IL Y A QUE DES CHÈVRES FACILES

Pas besoin
de Karine
Le Marchand...
J'ai trouvé
l'amour
dans le pré !
?
Salma
NOURRIT

Aller au **McDO** pour une **SALADE**, c'est comme aller aux **PUTES** pour un **CÂLIN !**

J'ai prêté **50 euros**
à un ami aveugle
mais je ne me fais
pas de soucis,
il m'a dit qu'il me
remboursera
la prochaine fois
qu'il me verra !

La vie n'est pas cirrhose...

Ricard

– Papa c'est quoi l'humour noir ?

- Bon, on va faire un petit foot et je t'explique après.

– Mais papa, je suis paraplégique.

- Hahaha !

Le

FÉMINISME

s'arrête au moment où le serveur apporte l'addition.

- Maman, est-ce que je suis trop gros ?

- Demande à ta copine.

- Quelle copine ?

- Exactement.

SUCER DES BONBONS BRISE LES DENTS.

Sucer des pénis, non.

Il pleut.

Mes enfants regardent désesespérément par la fenêtre. Ils me font de la peine.

Je crois que je vais les laisser entrer.

Une fellation de groupe, ça coûte combien par tête de pipe ?

Doumé le Corse vit ses derniers instants. Il est à l'hôpital et reçoit la visite de tous les siens, famille et amis.

Il avoue à tout le monde qu'il a le sida et qu'il va mourir de cette terrible maladie.

Son fils, Ange est près de lui à l'hôpital. Il ne le quitte pas une seconde, mais lorsqu'il se trouve enfin seul avec son père, il l'interroge étonné :

– Papa, pourquoi dis-tu à tout le monde que tu vas mourir du sida, alors que tu sais très bien que c'est un cancer que tu as?

– Laisse-moi faire, mon fils, une fois que je serai mort, personne n'osera baiser ta mère!

L'amour, c'est regarder ensemble dans la même direction.

Comme la levrette en fait...

Depuis que je lui ai acheté une couverture électrique, mon fils ne fait plus pipi au lit.

Ma tante pense que **MDR** veut dire **« MERCI DE RAPPELER »**. Elle vient de m'envoyer un texto **« TON GRAND-PÈRE EST DÉCÉDÉ, MDR » !**

Moi ? Mais non,
je ne suis pas une
salope voyons !

C'EST JUSTE QUE J'AI UNE CHATTE TRÈS SOCIABLE !

Si je gagnais un euro à chaque fois que je pense à toi... je commencerais à penser à toi !

Qu'est-ce qu'une main accrochée à un panier ?

Un lépreux qui a fait un dunk !

BEAUCOUP DE GENS SONT EN VIE UNIQUEMENT PARCE QU'IL EST ILLÉGAL DE LES TUER.

Quelle différence y a-t-il entre de la gelée et une Anglaise ?

La gelée, elle bouge quand on la lèche !

Le chauffeur de **Lady Di** était sous **Prozac**.

Les antidépresseurs, pas l'idéal pour voir le bout du tunnel !

Mon ex est ravie de ne pas être une conclusion car on les tire souvent trop vite.

Justice :

les parents qui ont mis leur bébé dans la machine à laver vont-ils être condamnés ?

Roulement de tambour...

J'aime bien la laverie parce qu'il y a plusieurs chaînes !
... et pour les enfants, c'est mieux qu'un congélateur !

Pour arrêter
de fumer, mon père
a essayé ce truc avec
les aiguilles.

Comment ça s'appelle
déjà ?

L'héroïne.
Il en raffole !

Quand je suis né,
j'étais tellement **laid**
que le médecin a **giflé**
ma mère !

Les **USA** :

un drôle de pays où
John Lennon se prend
six balles dans le dos et où
Yoko Ono, pourtant juste à
côté de lui, s'en sort indemne.

Allo les pompiers ? crie affolée la maman du petit Steven. **Venez vite !** Mon petit vient d'avaler le bouton du presse-purée ! Il est tout bleu et ne respire plus !

Les pompiers, à peine installés dans le camion, entendent à nouveau le téléphone sonner.

Le chef décroche instantanément.

– Allo ? C'est encore moi ! Finalement, ce n'est pas la peine de vous déranger. On va faire des pâtes.

Me feriez-vous
le plaisir d'arrêter
de perdre des kilos ?

**PARCE QUE
C'EST MOI QUI
LES TROUVE !**

Gros soir de football à Marseille. L'OM contre le PSG en dernière journée de championnat. Le vainqueur sera ***champion de France!*** Comme tous les soirs de match à domicile, Marius est là, installé à sa place d'abonné. Une place vide le sépare d'un autre supporter. Ce dernier l'apostrophe :

– Vous savez à qui appartient cette place à côté de vous ? C'est vraiment honteux de ne pas venir soutenir son équipe lors du **Classico !**

– Oui, c'est la place de ma femme. Ça faisait 20 ans qu'on venait regarder les matchs de l'OM côte à côte, mais malheureusement, elle est décédée la semaine dernière...

– Arf... Toutes mes condoléances m'sieur... Excusez-moi d'insister, mais vous n'aviez vraiment personne à qui proposer sa place ?

– Oh ben si ! Mais ils sont tous à l'enterrement !

Quelle est
la dernière chose
qu'on a pu entendre
juste avant l'explosion
de la navette

CHALLENGER ?

Touche pas à ça,

CONNASSE !

Épitaphe

Ci-gît, ma femme, grâce à Dieu !
Cette furie perpétuelle
Empoisonna ma vie.
Passant, écoute mon avis :
Avant qu'elle ne te querelle,
Quitte prudemment ces lieux.

Qu'est-ce qu'un rassemblement d'aveugles ?

UN FESTIVAL DE CANNES.

Quelle est la différence entre un SDF et un milliardaire ?

Le milliardaire change de Ferrari tous les jours alors que le clochard change de porche tous les soirs.

Un homme part se suicider.
Il monte au dernier étage
d'un gratte-ciel.

Il se lance, arrive en bas...
et cependant, il n'a rien senti.
Pourquoi?

Ben, il s'est bouché le nez!

Comment appelle-t-on une femme qui sait tous les soirs où se trouve son mari ?

Une veuve.

J'ai tout essayé
pour que ma copine
tombe enceinte, mais
là, ça a enfin marché :
**je lui ai fait un bon
croche-pied dans
l'escalier.**

Un sanglier rencontre un cochon et lui dit :

– Alors, comment se passe ta chimio ?

Tétraplégique
et pakistanais, il
invente la marque
Tétra Pak.

Samuel, un jeune Juif, s'en va dîner dans un restaurant italien avec son ami, Bruce, écossais pure souche. À la fin du repas, le serveur demande :

– *L'addition c'est pour qui ?*

– Pour moi, répond l'Écossais du tac au tac.

Le lendemain, on peut lire à la une du journal local :

« Un Juif ventriloque assassiné par son ami écossais. »

Sur ma tombe, j'ai demandé à ma femme d'inscrire :

SOUVENT DANS LE TROU, MAIS RAREMENT AUTANT !

Je pense être imbattable à cache-cache.

D'ailleurs, mes enfants cherchent encore leur père depuis 14 ans.

Comment dit-on :

" NE PAS TOUCHER "

en braille…

Gérard est fabricant de clous de génération en génération. Malheureusement, depuis l'invention de la super glue, ses affaires vont de plus en plus mal. Au bord de la faillite, il se décide à faire appel à son ami, Georges, qui travaille au service publicité d'un grand journal.

- Georges, je t'avais rendu un grand service il y a quelques temps. Aujourd'hui, j'aimerais que tu me renvoies l'ascenseur en publiant une annonce pour mon commerce dans ton journal.

- Pas de soucis, mon vieil ami! Ta pub sera dans le journal dès demain, bien placée et totalement gratuite.

- Merci! T'es vraiment un bon ami mon vieux Georges!

Le lendemain, Gérard ouvre le journal et cherche sa pub. Il tombe sur une pleine page… avec l'image de Jésus crucifié sur la croix! En dessous, il lit le slogan: « Grâce aux clous de Gérard, ça fait 2000 ans qu'il tient! » Il appelle tout de suite son ami:

- Mais t'es complètement dingue mon pauvre Georges! Corrige ça très vite, je n'ai pas envie d'avoir le Vatican sur le dos!

- Ok Gérard. Je comprends... Demain je te fais livrer le journal chez toi pour que tu puisses voir les corrections.

Le lendemain, tendu, Gérard scrute l'arrivée du coursier. Il ouvre son journal avec fébrilité. À nouveau, une pleine page est consacrée à son business. Il y a toujours une croix, mais cette fois-ci, elle est vide. En dessous, un slogan: « Avec les clous de Gérard, ça ne serait jamais arrivé! »

« Alors, il s'est vu mourir ?

– ***Oh ! Admirablement. Son lit était en face de la glace ! »***

Abel Faivre

Ne pleurez pas...
Votre mari
n'a pas souffert
Justement...
c'est pour ça
que je pleure !!
Salem
NOURRIT

Casser du sucre sur le dos d'un diabétique, c'est franchement moche !

Pourquoi les personnes atteintes de myopathie ont-elles rarement le permis de conduire ?

PARCE QU'ELLES ONT RAREMENT 18 ANS.

J'ai besoin d'un gros câlin **(mais une pipe fera très bien l'affaire !)**

Ma pizza est brûlée, ma bière est congelée, ma femme est enceinte.

Bref, je ne la sors jamais à temps.

Un gringalet de 45 kilos veut absolument faire partie du club des **bikers**. Il a une petite voix fluette mais une grosse Harley. Il se décide à aller voir le chef des **bikers**, un grand gaillard tatoué, afin de s'inscrire.

– Pas de problème, mon gars. C'est pas dur, t'as juste trois épreuves à passer :

1) tu bois 20 bières ;
2) tu vois le pitbull, là, sous le bar ? Tu lui retires l'aphte qu'il a dans la gueule ;
3) tu vois la grand-mère, sur son banc ? Tu la violes 10 fois.

– Ah, ben ouais, ben j'y vais !

Le freluquet boit **10 bières, 15, 16, 17…** Pas facile… Finalement les **20 bières** y passent.

Alors, il va sous le comptoir et on entend un gros bruit de lutte entre le minus et le pitbull. Ça dure et ça dure…

Le type ressort, égratigné de tous les côtés, ébouriffé et surtout bien bourré. Il demande :

– Bon, elle est où, c'te vieille, que je lui retire son aphte ?

C'EST UNE MAUVAISE IDÉE DE DEMANDER À UNE FEMME BATTUE SI SON MARI EST UN BON COUP.

Deux alpinistes escaladent une montagne réputée des Alpes.

Tout à coup, l'un d'eux dévisse et chute dans une crevasse.

Son ami, affolé :

– Ludo ! Ludo ! Tu t'es fait mal ?

– Non, non ! répond d'une voix lointaine son pote.

– Ouf... J'ai eu peur ! Tu as pourtant l'air d'être tombé très bas ! Tu es certain de ne pas être blessé ?

– Non, répond la voix encore plus lointaine... Je n'ai pas encore fini de tomber !

C'est une petite fille qui va à la boulangerie pour commander un gâteau d'anniversaire :

- Bonvour madame, ve voudré un gâto d'annifersaire f'il vos plaît.

– Ah oui, qui fête son anniversaire ?

– Ma ptite fœur !

– Ah, et il faut mettre un nom sur le gâteau ?

– Moui, pétale !

- Oh, c'est joli comme nom. Et qui a eu cette idée ?

– Ben fé parce qu'après fa naissance, ma ptite fœur était sous un arbre dans fon berfeau et un pétale est tombé dedans alors on l'a appelée Pétale !

– Ah… Et toi, c'est quoi ton nom ?

- Poutrelle !

ÉPITAPHE

Mon horoscope
avait raison.
Mon cancérologue
aussi.

C'est interdit de se moquer des cougars, les mûres ont des oreilles !

Dis-moi ma petite fille, comment s'appelle cet Allemand qui me rend complètement folle ?

ALZHEIMER, MÉMÉ, ALZHEIMER...

– À ma mort, je veux être incinéré…

– Ça, c'est bien toi. À chaque fois que tu pars, tu laisses de la cendre partout !

Des frères siamois se rendent chez leur médecin. L'un confie :

– Docteur, j'ai un souci... **Mon frère est gay !**

– Euh... Très bien... Mais je ne vois pas où est le problème...

– Ben, c'est que... **nous avons le même trou du cul !**

J'ai l'humour tellement noir qu'il touche les allocs.

Pensant qu'il s'agissait de nouvelles graines, Coco le perroquet avale une bonne poignée de Viagra. Jacques, son maître, s'en rend rapidement compte et décide de l'enfermer dans le congélateur quelques instants pour le calmer.

Quand il rouvre le congélateur, il découvre son perroquet transpirant à grosses gouttes.

– Mais qu'est-ce qu'il t'arrive mon Coco ? Je t'avais mis là pour que tu te calmes...

– Tu crois vraiment que c'est facile d'écarter les cuisses d'une poule congelée ?

SANS VOULOIR PLOMBER L'AMBIANCE, JE VOUS RAPPELLE QUE VOUS ÊTES TOUS EN TRAIN DE CREVER LENTEMENT.

J'ai préféré m'écraser plutôt que de refaire des blagues sur le World Trade Center un 11 septembre.

« Il n'y a qu'une date pour les femmes, et à laquelle elles devraient mourir, c'est quand elles ne sont plus aimées. »

Delphine Gay

C'est un type qui croise l'un de ses copains dans la rue.

– Alors Bébert, comment vas-tu ?

– Pas très bien… Figure-toi que ma belle-mère est morte la semaine dernière…

– Oh merde !
Qu'est-ce qu'elle avait ?

– Bof, trois fois rien :
UNE TABLE, UN BUFFET…

Quel bout de corde lance-t-on à un homme politique qui se noie ?

Les deux !

Un petit garçon, avant
d'aller dormir,
dit à sa maman :

-Maman, pourquoi on vit à
Fukushima ?
- Ferme tes trois yeux
et dors !

Pourquoi Jésus n'a-t-il jamais joué au football ?

Parce qu'il était toujours suspendu !

Bonjour ma chérie ! Je veux juste t'annoncer qu'après 3 ans d'amour… je ne peux plus être ton mec.

– QUOI ??? VA TE FAIRE ENCULER ! Je veux juste t'annoncer qu'après 3 ans d'amour, j'ai baisé avec 3 de tes amis et 2 de tes cousins ! Ah ah !

– … J'allais te dire que ne pouvais plus être ton mec parce que j'aimerais être ton mari…

Tout ce que je veux, c'est te rendre heureuse.

Tu pars déjà ?

Allô ?

Tu regardes *Youporn* et t'as pas de *Sopalin* ?

Non mais, allô quoi !

C'est un professeur qui rentre dans sa classe et qui voit sur sa chaise un gros mollard :

- Qui s'permet ?

À ce moment-là, un gamin se lève et dit :

- Pas spermé m'sieur, craché !

Est-ce que les ÉCUREUILS HOMOSEXUELS mangent plus de glands que les autres ?

Une femme qui boit, c'est moche. Une femme qui avale, c'est beau.

Face aux cons,
il faut s'armer de
patience...

MAIS UN FUSIL À POMPE PEUT FAIRE L'AFFAIRE !

Les hommes pensent que je suis une fille facile, tout ça parce que je les invite à boire un café…

La prochaine fois, je les recevrai habillée ! Voilà !

Pendant le cours de géographie, l'institutrice demande à Jean-Pierre :

– Cite-moi les continents que tu connais !

– Oui m'dame ! Alors... il y a l'Asie, l'Océanie, l'Afrique, l'Europe, l'Amérique et papy

– Papy? Mais pourquoi papy?

– Ma mère dit toujours que papy est incontinent...

Qu'est-ce qui a quatre pattes et un bras ?

Un pitbull dans un jardin d'enfants.

– Qu'est-ce qui est plus **DANGEREUX** qu'un **PITBULL** atteint du **SIDA** ?

– Le mec qui lui a refilé !

Une dame se penche du haut de la tour Eiffel et demande au gardien :

– Les gens se jettent-ils souvent d'en haut ?

Et le gardien répond :

– Oh non, madame, qu'une seule fois !

Au tribunal, le juge demande à l'accusé :

- Vous n'avez rien ressenti lorsque vous avez coupé votre femme en morceaux avant de la faire cuire ?

– Si, monsieur le juge… À un moment, je me suis mis à pleurer.

– Ah quand même ! Et à quel moment ?

- Quand j'ai coupé les oignons !

Une pipe :

unité de mesure
du silence
correspondant
en moyenne entre
10 et 15 minutes.

Grand amour :

expression datant du XVe siècle, lorsque l'espérance de vie était de 35 ans.

N'AYEZ PAS PEUR DE L'AVENIR, VOUS N'EN AVEZ PAS.

Les femmes ont 6 sens :

le toucher, le goût, l'ouïe, l'odorat, la vue, le détecteur de salopes.

Baissez-vous ! Vite !

– Quoi ?
– Quelqu'un vous vise le front avec une arme !

– Je suis Hindou, CONNARD.

Barack Obama et François Hollande sont devant une machine qui prédit l'avenir.

Obama pose la première question :

– À quoi ressembleront les États-Unis dans un siècle ?

La machine écrit :

– Ce sera le pays le plus riche au monde ! Zéro pollution. Zéro chômage !

Hollande se met devant la machine et demande :

– À quoi ressemblera la France dans un siècle ?

Il regarde la machine pendant 5 minutes sans rien dire. Ses yeux s'écarquillent, mais aucun son ne sort de sa bouche.

Obama l'interpelle :

– Alors, qu'est-ce que tu vois ? C'est si long que ça ?

– Je n'arrive pas à lire... C'est écrit en arabe !

Une cigarette
raccourcit la vie de
deux minutes,
une bouteille raccourcit
la vie de **4 minutes,**
une journée de travail
raccourcit la vie
de **8 heures.**

Quand même,
ça fait un moment que
Michael Schumacher
est arrêté au stand.
Ça va lui en faire
des **pénalités
de retard...**

Depuis le temps qu'il est au stand, quelqu'un pourrait s'occuper de dégonfler ses pneumatiques ?!
Sclum NOURRIT

Une veuve de **75 ans** va voir son médecin et lui explique qu'elle a des orgasmes à répétition. Il l'ausculte et lui découvre un abcès sur le clitoris.

– Ah! C'est cet abcès qui me fait jouir?

– Non ma petite dame. C'est l'asticot qui tourne autour...

Ma femme a fait un truc avec sa bouche que tous les hommes adorent :

elle l'a fermée.

TON ENTERREMENT SERA TA DERNIÈRE SORTIE EN BOÎTE.

Un alcoolique est dans un train. En face de lui est assise une petite vieille qui boit une gorgée d'une bouteille bizarre toutes les deux minutes. Après 2 heures de voyage, mémé s'endort. L'homme, en manque d'alcool, décide de goûter cet étrange breuvage : il trouve le goût infect ! Une fois la grand-mère réveillée, il lui demande :

- Excusez-moi, mais qu'est-ce que vous buvez ?

- Je ne bois pas, je crache !

J'ai toujours
les yeux rouges
après une relation
sexuelle...

**ELLES FONT CHIER
AVEC LEUR BOMBE
LACRYMO DANS
LEUR SAC!**

Lorsqu'au réveil tu roules une grosse pelle à ta compagne,

tu peux dire que l'amour est plus fort que l'haleine.

Ne brisez jamais

le cœur

d'une personne,

elle n'en a qu'un.

Brisez-lui les os,

elle en a 206.

Une jeune maman téléphone au pédiatre :

– Docteur, la dernière fois que je suis venue, vous m'avez écrit des consignes. À la page 3, il y avait : quand votre bébé a fini le biberon, lavez-le à l'eau bouillante et nettoyez l'intérieur avec un goupillon.

- Oui, et alors?

- Eh ben, mon bébé n'a pas du tout aimé!

Quelle est la différence entre les seins d'une jeune femme blanche, et ceux d'une jeune femme noire ?

Ceux de la blanche, on peut les voir dans *Play Boy*, et ceux de la noire dans *Géo*.

J'éteins volontairement le chauffage quand une fille vient dormir chez moi.

SOIT POUR LA FORCER À SE COLLER À MOI, SOIT POUR LA FAIRE MOURIR.

Je déteste
avoir une chanson de merde
dans la tête, surtout
**QUAND JE FAIS
DE LA PURÉE
MOUSSELINE !**

Un dragueur très classieux s'approche d'une jolie fille lors d'une soirée privée.

D'une belle voix grave, il lui glisse :

– Mademoiselle, quelle beauté, quel charme, quelle pétulance...

– Mais, monsieur ! Je ne vous permets pas de me tutoyer !

Le comble de la méchanceté ?

Ne fermer qu'un œil à un mort.

Un dentiste dit à son patient :

- J'ai une bonne et une mauvaise nouvelle !

– Dites-moi…

- La mauvaise, c'est que je vais devoir vous extraire une dent et c'est assez douloureux.

– Ouf ! Et la bonne ?

- La bonne, c'est que les autres vont tomber toutes seules...

« Jésus, portant sa croix dans la montée du Golgotha, aurait souhaité avoir un diable pour l'aider. »

José Artur

Qu'est-ce qu'une jambe au milieu d'un passage piéton ?

Un lépreux qui a marché sur un chewing-gum !

– Pardonnez-moi mon père car j'ai péché.
– Ah bon ? Racontez-moi mon fils...

Je suis médecin et j'ai couché avec une de mes patientes !

– Mon fils, ce n'est pas très bien, mais remettez-vous. Vous n'êtes pas le premier médecin à coucher avec une patiente. J'ai déjà entendu plusieurs confessions à ce sujet.

– Oui, mais moi je suis vétérinaire...

Noyer son chagrin dans l'alcool pour oublier son ex, c'est bien.

Noyer son ex dans l'alcool pour oublier son chagrin, c'est mieux !

PLACER UNE BOMBE SUR UN DALTONIEN ET LUI DIRE QU'IL A 30 SECONDES POUR COUPER LE FIL ROUGE...

Je tiens beaucoup à ma montre, c'est mon grand-père qui me l'a vendue sur son lit de mort.

Woody Allen

À quoi ça
sert d'aller voir
TITANIC 3D
quand on peut
faire une
COSTA
croisière ?

CINÉ
COSTA
CROISIERES
TITANIC
3D
C'est fou ce que la 3D a fait comme progrés techniques !
Salim NOURRIT

Michel rentre chez lui, l'air effondré :

– Mon amour. Le médecin m'a annoncé qu'il ne me restait plus qu'une dizaine d'heures à vivre.

– Quoi ???? Mon Michel d'amour ! Profitons vite des derniers instants. Demande-moi tout ce que tu veux. Ton plat préféré ? Un bon bain chaud aux bougies ? Un massage à l'huile comme tu les aime tant ?

– Tu sais mon amour adoré. Ce que je voudrais c'est te faire l'amour comme un fou ! Vas vite mettre ta plus belle lingerie !

Sur ce, Josiane part dans le dressing, se jette sur le lit et demande à Michel de lui faire l'amour comme jamais…

1 heure, 2 heures, 3 heures… Michel est dans tous ses états. Il veut profiter à fond de ses dernières heures.

Il remet ça ! **4 heures, 5 heures, 6 heures…** quelle endurance !

Josiane est exténuée, épuisée et essaie de reprendre un peu son souffle :

– C'était excellent mon Michel. Inoubliable. Bon, je suis crevée. Endormons-nous enlacés comme au premier jour…

– Comment ça dormir ??? Hors de question !!! Écarte les jambes, on continue !

– Mais ça ne va pas ??? On voit bien que ce n'est pas toi qui te lèves demain matin !

Je me suis souvent mis
à la place d'un handicapé,
surtout quand
j'ai garé ma voiture !

Épitaphe :

ICI, L'AVENIR APPARTIENT À CEUX QUI NE SE LÈVENT PLUS.

– J'ai un copain qui a une situation formidable. Il a cinq mille personnes en dessous de lui.

– Super! Et il fait quoi comme job, ton pote?

– Il tond le gazon dans un cimetière...

Faites attention

à ce que vos

enfants ne sombrent

pas dans la **drogue**,

on a déjà du mal

à en trouver assez

pour nous.

TOUT IRA POUR LE MIEUX DANS LA MEILLEURE DES TOMBES.

Ma chérie, tu es la seule raison pour laquelle je me lève le matin…

NON, JE DÉCONNE, EN FAIT J'AI ENVIE DE PISSER.

Pas de bras, pas de selfie !

Maman !
Maintenant, j'ai
15 ans, je peux
mettre un
soutien-gorge ?

**– Non François,
tu ne peux pas !**

Pourquoi lorsqu'un mec
dit des grossièretés à une fille
au téléphone, c'est considéré
comme du harcèlement sexuel
mais lorsqu'une fille dit
des cochonneries à un
mec au téléphone,

C'EST 34 CENTIMES LA MINUTE ?

C'est un bus de petits vieux en voyage. Tout le long de la route, une petite vieille apporte une poignée de cacahuètes au chauffeur. Il la remercie et au bout de la 10e fois, il lui dit :

– C'est gentil, mais donnez-en aux autres !

– Ça y est, c'est fait ! Comme on n'a plus de dents, on suce le chocolat des M&M's et on vous donne les cacahuètes !

La première fois qu'Œdipe a fait un cunnilingus, il a dû trouver que ça avait un goût à mère.

J'ai **plongé** mon voisin, sa femme et leurs trois gosses dans du **métal en fusion.** Ma mère va être **fière,** elle qui rêvait que je **fonde une famille.**

À la maternité, Julien est ému aux larmes devant sa femme et son bébé né il y a 1 heure :

- **Mon amour, tu ne trouves pas que mon fils me ressemble ?**

Sa femme Léa répond :

- **Oui, mais ce n'est pas grave... L'essentiel est qu'il soit en bonne santé !**

« Il ne faut jamais gifler un sourd. Il perd la moitié du plaisir. Il sent la gifle mais il ne l'entend pas. »

Georges Courteline

Un mendiant sonne
à la porte d'un prêtre.
– Vous auriez pas un petit
quelque chose pour moi ?

- Oui... La soupe de la veille, ça vous irait ?

– Oh oui, oh oui !

- Ben, repassez demain !

Gérard souffre de douleurs horribles au niveau de la poitrine. Il se rend illico chez son médecin. Après de longues minutes d'examen, le docteur, la mine défaite, lui annonce :

– Désolé... J'ai de très mauvaises nouvelles à vous annoncer... Vous allez mourir.

– Quoi ? s'écrie Gérard, terrorisé. Mon Dieu, mais combien de temps il me reste à vivre ?

– Dix...

– Dix quoi??? 10 ans??? 10 mois???

– 9... 8... 7... 6...

APRÈS M'AVOIR
FAIT FAIRE UNE
FELLATION PAR UNE
SEXAGÉNAIRE, JE
PEUX VOUS DIRE
QUE LA MATURE
FAIT BIEN
LES CHOSES !

Quand j'étais enfant, je jouais beaucoup avec mon grand-père.

Il était mort,

mais mes parents l'avaient fait incinérer et avaient mis ses cendres dans mon ardoise magique.

Quelle est la similitude entre une femme et un bilan comptable ? Plus il y a de pertes, moins il y a de fonds propres !

J'adore écrire
un statut
sur
FACEBOOK
pendant
que je traverse
la r...

WAOW !
Trop cool le selfie que t'as fait en traversant la rue !
Sabine WOURRIT

Pourquoi les hommes
choisissent-ils toujours
des femmes qui pleurent
tout le temps sans raison
et qui mettent **3 heures**
à s'habiller ?

Ils ne choisissent pas, il n'y en a pas d'autres !

« Je n'aurai jamais d'enfant parce que j'aurais trop peur de l'oublier sur le toit de la voiture. »

Lizz Winstead

– Mon amour !
Tu sais quoi ? Cet après-midi, il est arrivé quelque chose d'incroyable : la grosse pendule du salon est tombée par terre. Quelques secondes plus tôt et maman l'aurait reçue sur la tête !

Son mari :

– Cette horloge a toujours eu du retard… C'est bien dommage !

J'ai vécu assez longtemps pour savoir que, lorsqu'une femme te demande si elle a grossi, l'unique solution pour s'en sortir indemne est de simuler **un infarctus !**

J'ai vu ***6 hommes*** passer une vieille femme à tabac. Mon voisin m'a demandé :

– Vous n'y allez pas ?

Et j'ai répondu :

– Non, ils sont assez nombreux.

C'est l'histoire d'un aveugle qui rentre dans un bar, puis dans une chaise, puis dans une table, puis dans une chaise, puis dans le portemanteau, puis dans une table...

Pourquoi les

MARQUES DE CAPOTES

s'emmerdent à faire des

PUBS SEXY

alors qu'il suffirait d'un gros plan sur un **BÉBÉ** en train de pleurer ?

POUR UN CANNIBALE, UNE FEMME ENCEINTE C'EST UN PEU UN KINDER SURPRISE.

À force de péter un câble, je vais finir par chier une ligne à haute tension.

Chat écrasé
ne craint plus
L'EAU
FROIDE.

Quand j'étais petit,
ma mère me disait :
**Mange de la viande,
tu seras fort comme
un bœuf !
20 ans plus tard,
je suis monté comme
un cheval...**

Je ne comprends pas comment on peut oublier de dire merci à quelqu'un.

MÊME LES POUBELLES McDO Y PENSENT.

Dyslexique,

une femme se tue en se faisant une épilation au taser.

Que signifie

« PF »

sur les corbillards

en Alsace ?

Pon Foyage !

– Voilà, vous avez un cancer généralisé.

- Oh!

– Et en plus, vous avez la maladie d'Alzheimer…

- Ouf! Un moment j'ai cru que vous alliez me dire que j'avais un cancer généralisé!

Un enfant demande au médecin :
– Maintenant qu'une araignée m'a mordu, je vais devenir Spiderman ?
– Non, tu vas mourir.

T'es musulmane et tu ne connais pas le pluriel de « halal » ?

Non mais « halaux » quoi !

Une femme vient d'accoucher à l'hôpital. Son médecin entre et lui dit :

- J'ai une bonne et une mauvaise nouvelle...

– Commencez par la mauvaise ! lui demande-t-elle.

- Il est roux !

– Ah... Et la bonne ?

- Il est mort.

Qu'est-ce qui
est le plus difficile
lors d'un accouchement
chez les Gitans ?

**Faire sortir la
guitare !**

À quelle petite annonce avait répondu Monica Lewinsky ?

« Soyez stagiaire à la Maison-Blanche et goûtez à la présidence ! »

Pourquoi fait-on prendre des **bains de boue** aux vieux ?

Pour qu'ils s'habituent à la **terre** !

J'aime bien me laisser recouvrir de boue par une infirmière nue sous sa blouse...
Je ne suis pas une infirmière...

« Il n'y a plus, de nos jours, que deux sortes de piétons : les rapides et les morts. »

Jean Rigaux

Une naine se rend chez son gynécologue :

– Docteur, j'ai un gros souci... À chaque fois qu'il pleut, j'ai les lèvres irritées !

– Huuum… Je vois… Arrêtez donc de porter des bottes en caoutchouc !

Que fait un
Éthiopien qui
trouve un yaourt ?

IL OUVRE UN SUPERMARCHÉ !

Jordan, 15 ans, est jugé pour le meurtre de ses parents.
Le juge lui demande :

- Qu'avez-vous à dire pour votre défense ?

- Vous n'allez quand même pas condamner un pauvre orphelin ?

« Shakespeare, quel vilain nom ! On croirait entendre mourir un Auvergnat. »

Alphone Allais

Qu'est-ce qui est tout bleu, très haut et qui ne sent plus rien ?

Un alpiniste au fond d'une crevasse dans le massif du Mont-Blanc.

Éric se rend
chez sa grand-mère.
Il entre et s'écrie :
– Mamie ? Mamie ?
Oh là là, ça sent
la mort chez toi !...
Mamie ???

Mon père et ma mère sont morts et je regrette de ne pas leur avoir plus parlé de leur vivant.

Si seulement je leur avais dit : « Attention au camion !!! »

JE PENSE
À CES EX QUI
DISAIENT NE PAS
POUVOIR VIVRE
SANS MOI MAIS
QUI NE MEURENT
PAS.

L'ÉCOLE, C'EST
COMME LE POIL :
À 15 ANS,
T'EN AS PLEIN
LE CUL.

Franck Ribéry a déclaré :

"Le Touquet, c'est une ville que j'aime bien venir."

La langue française a aussitôt porté plainte pour viol aggravé.

Ce qui ne vous tu pas, te rend plus vous.

Ceux qui vous tuent, vous rendent plus mort.

LA BOMBE ATOMIQUE, ILS N'OSERONT JAM...

Si Brad Pitt
et Angelina Jolie
m'adoptaient, je
serai le seul gamin
heureux quand on
lui dit « Va niquer
ta mère » !

Je déteste quand les gens viennent chez moi et me demandent :

– Vous avez des toilettes ?

– Non, non. Nous, on chie dans le couloir !

« Coucher entre un paraplégique et un cocker, piètre consolation, pour qui n'est ni zoophile ni suceur de béquilles. »

Pierre Desproges

Pourquoi Superman n'a pas sauvé Lady Di ?

Vous avez déjà vu un fauteuil roulant aller plus vite qu'une Mercedes ?

– Chérie ? Tu connais la différence entre une bite et un fer à repasser ?

– Non mon amour…

– Alors continue à repasser !

Comme diraient les muets :

*Le mec qui a réussi à convaincre les aveugles de porter des **lunettes de soleil** est vraiment un excellent commercial !*

À quel endroit trouve-t-on en général un tétraplégique ?

Là où on l'a laissé.

Ce matin,
j'ai mis un coup
de pied au **cul d'un
Rom... le salaud !**
Il a serré les **fesses**
et m'a piqué
une **Nike !**

?
POUR
MANGER
... POUR
APPRENDRE
À NAGER
Salim
NOURRT

Le père d'enfants handicapés fait la cuisine :

– Chérie, ils sont où les légumes ?

– Ben tu sais bien qu'ils sont encore à l'école !

Brûlure sur la totalité du visage, et au troisième degré...

Pas simple de sucer le Capitaine Flam...

GENTIL
TU SERAS,
DANS LE CUL
TU L'AURAS.

Le jour de la distribution des cerveaux, tu étais parti pisser ?

Vous pouvez réussir dans la vie sans être un connard, mais ce sera plus long.

Maman, maman, j'aime pas grand-père !
– Ça ne fait rien : pousse-le sur le bord de l'assiette et mange tes haricots !

– Tu sais combien lui a coûté le piano de Gilbert Montagné?

– Oui, les yeux de la tête!

– On m'avait dit qu'il l'avait eu à l'œil...

Tu veux que je te raconte une blague à propos de ma bite ?

– Vas-y...

– Laisse tomber, c'est trop long.

As-tu déjà vu un trou du cul emballé dans un plastique ? Non ?

BEN REGARDE TA CARTE D'IDENTITÉ !

Tu pleures et personne ne remarque tes larmes, mais pète, juste pour voir...

– Hé ! Ton mari va se jeter par la fenêtre !

– Dis à ce con qu'il a des cornes, pas des ailes !

« Le plus souvent,
les laides et les laids
se marient entre eux :
c'est comme s'ils
multipliaient leur laideur
par deux. »

Amélie Nothomb

– Mon père m'a toujours dit de me méfier des ours.

– Ah, il était trappeur ?

- Non, zoophile.

« L'érection est provoquée par un afflux de sang du cœur vers le pénis. »

Vous voyez bien les filles que c'est sincère quand on vous dit que ça vient du cœur !

Quel est le sport préféré des Éthiopiens ?

Le triple saut : ils sautent le petit déjeuner, le déjeuner et le souper !

Je connais un homme qui a arrêté de **FUMER**, de **BOIRE**, de faire **L'AMOUR** et de **BIEN MANGER**. Il était en pleine forme le jour où il s'est **SUICIDÉ**.

T'es une femme
et tu ne sais pas
à quoi servent les
enfants ?

Non mais, Alloc quoi !

- Maman, maman, je ne veux plus dormir avec mon petit frère.

- Tais-toi ! Je t'ai déjà dit qu'on n'avait pas assez d'argent pour l'enterrer.

LE CHANGEMENT D'HEURE, C'EST POUR PERMETTRE AUX PAUVRES DE CONNAÎTRE LE DÉCALAGE HORAIRE.

Il n'est pas nécessaire de nager plus vite que le requin, il faut juste nager plus vite que le type qui se trouve à côté de vous.

Garder une

CAPOTE

dans son

PORTEFEUILLE

quand on a cette

TÊTE,

c'est pas de la

SAGESSE,

c'est de

L'ESPOIR.

Ça fait 60 ans que je l'ai dans mon portefeuille...
... l'ennui...
... c'est que je ne sais plus du tout à quoi ça sert !

Pourquoi les Mercedes sont-elles plus chères que les BMW ?

Parce que, chez Mercedes, ils utilisent des princesses pour leurs crash tests !

Regarde à ta droite...

====================>

Voici l'objet avec lequel je vais te sodomiser.

Avoir une corde peut rendre sentimental.

Attention : on s'y attache très vite !